AF369697

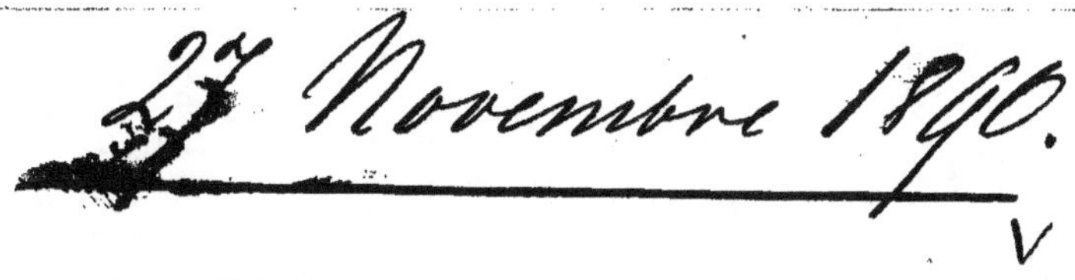

VENTE

Du Jeudi 27 Novembre 1890

A TROIS HEURES UN QUART

HOTEL DROUOT, SALLE N° 8

COLLECTION

DE

34 TAPISSERIES

Des XVIᵉ, XVIIᵉ et XVIIIᵉ siècles

D'AUBUSSON, DE BRUXELLES, DE BRUGES ET DES FLANDRES

Panneaux de Tentures, Bandes, Cantonnière

Dessus de Sièges

MEUBLES ANCIENS

Arrivant de Province

EXPOSITION AVANT LA VENTE

De une heure à trois heures un quart

Mᵉ G. DUCHESNE	M. A. BLOCHE
COMMISSAIRE-PRISEUR	EXPERT
Successeur de Mᵉ ESCRIBE	*Près la Cour d'Appel*
Rue de Hanovre, n° 6	Rue de Châteaudun, n° 25

PARIS — 1890

IMPRIMERIE MAULDE ET RENOU

—

A. MAULDE & Cie

IMPRIMEURS DE LA COMPAGNIE DES COMMISSAIRES-PRISEURS

Rue de Rivoli, 144

CATALOGUE

DE

34 TAPISSERIES

D'AUBUSSON, DE BRUXELLES, DE BRUGES ET DES FLANDRES

Des XVIe, XVIIe et XVIIIe siècles

A Sujets champêtres, d'après BOUCHER et HUET, Scènes allégoriques
à personnages : Chasses et Verdures

PANNEAUX, BANDEAUX, CANTONNIÈRES, DESSUS DE SIÈGES

MEUBLES ANCIENS

Armoire, Coffres, Colonnes monumentales

HORLOGES

ARRIVANT DE PROVINCE

ET DONT LA VENTE AURA LIEU

HOTEL DROUOT — SALLE N° 8

Le Jeudi 27 Novembre 1890

A TROIS HEURES UN QUART

Par le ministère de M° **G. DUCHESNE**, Commissaire-Priseur
Successeur de M° ESCRIBE, 6, rue de Hanovre, 6
Assisté de **M. A. BLOCHE**, Expert près la Cour d'Appel
25, rue de Châteaudun, 25

EXPOSITION LE JOUR DE LA VENTE

DE UNE HEURE A TROIS HEURES UN QUART

PARIS — 1890

CONDITIONS DE LA VENTE

—

La vente sera faite au comptant.

Les Acquéreurs paieront, en sus des adjudications, CINQ POUR CENT applicables aux frais de la vente.

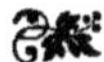

A. MAULDE et Cⁱᵉ, imprimeurs de la Compagnie des Commissaires-Priseurs,
rue de Rivoli, 144.   3oo—1o315

TAPISSERIES

1 — Suite de cinq belles Tapisseries à sujets de chasse ; compositions de petits personnages ; gentilshommes, piqueurs, chiens et animaux dans des paysages accidentés et boisés, avec jolies bordures à guirlandes de fleurs. Époque Louis XIV.

2 — Belle Tapisserie d'Aubusson, du temps de Louis XV, représentant le *Repos à la Fontaine*, d'après Boucher ; composition de petits personnages : bergers, bergères, lavandière et moutons. Bordure sur quatre côtés formant cadre à rocailles et ornements coquilles enguirlandés de fleurs.

3 — Tapisserie d'Aubusson du temps de Louis XVI : *Le Repos champêtre*. Composition à petits personnages dans un joli paysage d'après Huet. Bordure à ornements semés de fleurs.

4 — Tapisserie d'Aubusson, du temps de Louis XVI, d'après HUET : *Les Confidences aux champs ;* composition de petits personnages dans un paysage avec pavillon et village en perspective. Bordure à thyrse de fleurs sur les quatre côtés.

5. — Tapisserie d'Aubusson, du xviiie siècle, représentant une allégorie de *l'Hiver* : des enfants attisent le feu ; une jeune femme range des fruits sur une table recouverte d'un tapis, fond de paysage avec maisons rustiques.

6 — Grande et belle Tapisserie du xviiie siècle, représentant une forêt avec éclaircie laissant voir un village sur une montagne, des paons à travers les allées, des oiseaux sur les arbres. Bordure sur les quatre côtés à vases de fleurs superposés et guirlandes.

7 — Tapisserie de Bruxelles du xviie siècle, représentant des personnages : rois et généraux de l'antiquité dans un paysage. Jolie bordure à fleurs formant bandeau.

8 — Belle Tapisserie des Flandres du xvie siècle, représentant une chasse à l'autruche, composition de six cavaliers, veneurs et piqueurs, accompagnés de chiens. Bordure à oiseaux, fleurs et fruits.

9 — Tapisserie verdure avec mare et vue de château, paysage boisé. Belle Bordure sur trois côtés à guirlandes de fleurs et écussons. xviiie siècle.

10 — Tapisserie représentant un paysage montagneux avec chaumière, animé de perroquets et autres oiseaux. Bordure sur deux côtés, fleurs, fruits, oiseaux et médaillons. xviiie siècle.

11 — Belle Tapisserie des Flandres, représentant un paysage accidenté avec ruisseau serpentant et plusieurs ponts animés de figures, de perroquets et coq. ·Bordure à gerbes de fleurs et écussons sur les quatre côtés.

12 — Tapisserie en largeur faisant suite à la précédente : Paysage accidenté et boisé avec piqueur conduisant des chiens, en perspective des lapins et écureuils. Bordure à fleurs.

13 — Tapisserie de Bruxelles du xviie siècle, représentant une scène allégorique à trois personnages devant un temple. Jolie Bordure sur trois côtés à guirlandes de fleurs, avec feuilles d'acanthe aux angles.

14 — Tapisserie du temps d'Henri IV, représentant une Chasse dans un parc avec château-fort, composition de nombreux petits personnages et animaux. Bordure à figures allégoriques, fleurs et fruits.

15 — Tapisserie du temps d'Henri IV, composition allégorique et curieuse : deux lions et un coq se témoignant une alliance réciproque au milieu d'une forêt peuplée de toutes espèces d'animaux. Bordure à figures, fleurs et fruits.

16 — Tapisserie du temps d'Henri IV, représentant des autruches forcées au milieu d'une forêt par des chiens et des cavaliers arrivant de tous côtés. Bordure en haut et en bas.

17 — Tapisserie du temps d'Henri IV, représentant un paysage avec ruisseau animé de canards; une paysanne porteuse d'eau traversant un pont, et un hibou dans les arbres. Bordure, sur trois côtés, à gerbes de fleurs.

18 — Tapisserie représentant Hercule portant la boule du monde au milieu d'une forêt animée d'animaux de toute espèce; au premier plan, un sanglier combattant avec un gros chien. Époque Henri IV.

19 — Tapisserie du xvie siècle, représentant de nombreux petits personnages et animaux dans un paysage avec vues de château à travers bois. Bordure, sur deux côtés, à figures, cariatides et fruits.

20 — Tapisserie du temps d'Henri IV, représentant des petits personnages combattant, de nombreux animaux : quadrupèdes et volatiles, sujets allégoriques au milieu d'un paysage. Bordure, en haut et en bas, à guirlandes de fruits.

21 — Petite Tapisserie, époque Henri IV : Chasse avec petits personnages et animaux.

22 — Petite Tapisserie, époque Henri IV, représentant des animaux de toute espèce et des petits personnages dans une forêt.

23 — Tapisserie du xviie siècle, représentant des cavaliers et des piqueurs en chasse sous bois.

24 — Tapisserie représentant des petits personnages travaillant près d'un navire. Fond de paysage. Bordure, forme pente sur un côté, à grande cariatide, médaillon à paysage et fruits. xviie siècle.

25 — Portière en tapisserie d'Aubusson, du temps de Louis XV : Paysage avec maisonnette. Bordure à ornements.

26 — Portière en ancien point de Hongrie.

27 — Petit Panneau en tapisserie Renaissance, représentant un escadron de cavaliers en armure, portant des étendards fleurdelisés, dans un paysage boisé. Bordure sur deux côtés, à figures.

28 — Petite Tapisserie représentant un Paysan portant une hotte, des singes sous bois, avec chaumière en perspective.

29-30 — Deux petites Tapisseries *verdures*, du xviie siècle, avec volatiles au bord d'un étang et oiseau perché sur une balustrade.

31 — Bandeau en tapisserie de Bruges, du xvie siècle, représentant une figure allégorique *la Musique*, des ruisseaux et des fruits.

32 — Bandeau en tapisserie de Bruges, de la Renaissance, représentant des personnages et des arabesques de fruits.

33 — Grande Bande en tapisserie de Bruxelles, offrant des oiseaux au milieu d'arabesques de fruits. xviie siècle.

34 — Bande de tapisserie de Bruges, du xviie siècle, à écusson et arabesques.

35 — Bandes en tapisserie, du xviiie siècle, à guirlandes de fleurs.

36 — Cantonnière formée par une bordure de tapisserie à palmes et fleurs d'Aubusson. xviiie siècle.

37 — Bande de tapisserie à palmes et fleurs avec animaux. xviiie siècle.

38 — Petit Panneau de tapisserie à fleurs et feuillages. Epoque Louis XIII.

39 — Fragment de tapisserie du xvie siècle : Personnages et animaux. Bordure en haut.

40 — Deux Fragments de tapisserie *verdure*, avec maisonnettes et jets d'eau, dont un animé d'oiseaux à plumage multicolore.

41 — Petit Panneau en tapisserie, du temps de François Ier, représentant un groupe de petits personnages, sur fond de verdure.

42 — Plusieurs Fragments de tapisseries *Verdures* et de diverses époques.

43 — Plusieurs Bordures de tapisserie de diverses époques.

44 — Coussin de bergère, en tapisserie haute lisse de soie, à figures, animaux, coquilles et fleurs. Époque Louis XV.

45 — Dessus de siège, en tapisserie d'Aubusson, fin du temps de Louis XV : Vase de fleurs, rinceaux et guirlandes.

46 — Plusieurs Pièces pour dessus et dossiers de sièges en ancienne tapisserie.

MEUBLES

—

47 — Belle Armoire en chêne sculpté, s'ouvrant à deux
portes, dessin rais de cœur et rubans. Époque
Louis XVI.

48 — Coffre en bois sculpté, travail gothique, à quatre
compartiments ogives et un écusson, avec montants
à clochetons.

49 — Coffre en chêne sculpté, offrant sur le devant un
médaillon : *Diane se reposant des fatigues de la
chasse*, fond à ornements, moulures à gaudrons et
feuillages. Époque Henri II.

50 — Coffre du xvie siècle, en bois sculpté, avec médaillon : *Diomède dévoré par ses chevaux*, pilastres et
ornements sur la façade. Rangée de tiroirs dans le bas.

51 — Petit Coffre Henri II, en bois sculpté orné de
colonnettes cannelées sur la façade.

52 — Quatre Colonnes monumentales en chêne sculpté
forme torses enguirlandées, surmontées de chapiteaux dorés. Époque Louis XIII.

53 — Quatre Chapiteaux en bois sculpté doré. Epoque Louis XIII.

54 — Table à tric-trac du temps de Louis XVI, avec ses jetons.

55 — Horloge avec cage en chêne sculpté, décor fruits et rinceaux. Cadran signé *Legrand, à Toste.*

56 — Horloge à quatre faces et d'applique en fer offrant sur trois côtés des personnages peints en pieds, sur la façade deux cadrans gothiques couronnés d'un personnage avec devise. Au-dessus du timbre se dresse un personnage coiffé d'un turban, tenant un marteau dans chaque main. Elle sonne les heures et les quarts. La cage, le mouvement et le rouage sont en fer.

57 — Objets non catalogués.